LA LOI

SUR LE

Nouveau Régime des Pensions

Loi portant réforme du régime des Pensions Civiles
et des Pensions Militaires.

Texte intégral de la Loi du 14 Avril 1924

(Extrait du *Journal Officiel*)

PRIX : UN franc

Edité par le Journal " LE PETIT HAVRE "

BUREAUX : 112, Boulevard de Strasbourg.

ADMINISTRATION ET RÉDACTION : 35, Rue Fontenelle.

Avril 1924

TABLE

La LOI sur le NOUVEAU RÉGIME des PENSIONS

Texte intégral de la Loi du 14 Avril 1924

(EXTRAIT DU *Journal Officiel*)

DISPOSITIONS GÉNÉRALES

ARTICLE PREMIER. — Les dispositions de la présente loi s'appliquent aux fonctionnaires civils et aux employés appartenant au cadre permanent de l'administration ou des établissements de l'Etat, aux militaires et marins de tous grades des armées de terre et de mer, au personnel civil admis au bénéfice de la législation des pensions militaires, ainsi qu'à leurs veuves et leurs orphelins.

ARTICLE 2. — La pension civile ou militaire est basée sur la moyenne des traitements, soldes et émoluments de toute nature, soumis à retenue, dont l'ayant droit a joui pendant les trois dernières années d'activité.

Le minimum de la pension allouée à titre d'ancienneté de services est, en principe, fixé à la moitié du traitement moyen ou de la solde moyenne. Toutefois, il est élevé aux trois cinquièmes, sans pouvoir excéder 4.000 francs, lorsque le traitement moyen ou la solde moyenne ne dépassent pas 8.000 francs.

Le minimum de la pension est accru, au delà de la durée des services exigée pour obtenir droit à pension, à raison :

D'un soixantième des émoluments moyens pour chaque année de services civils rendus dans la partie sédentaire ;

D'un cinquantième des émoluments moyens pour chaque année de services rendus dans la partie active ou dans les armées de terre ou de mer.

La pension, telle qu'elle est déterminée par l'application des dispositions ci-dessus, est majorée de 10 p. 100 pour tous titulaires ayant élevé trois enfants jusqu'à l'âge de seize ans. Si le nombre des enfants élevés jusqu'à l'âge de seize ans est supérieure à trois, dès majorations supplémentaires de 5 p. 100 sont ajoutées pour chaque enfant au delà du troisième. Cette majoration ne se cumule pas avec l'indemnité pour charges de famille.

Lorsque, à la cessation de l'activité, le bénéficiaire d'une pension d'ancienneté ou d'invalidité de la présente loi aura des enfants âgés de moins de seize ans, sa pension sera majorée des indemnités pour charges de familles dont il bénéficiait pendant l'activité.

Sous réserve des dispositions des articles 34 et 80, le montant des pensions civiles et militaires ne peut dépasser les trois quarts du traitement moyen ou de la solde moyenne, ni excéder 18.000 francs.

ARTICLE 3. — Les bénéficiaires de la présente loi supportent une retenue de 6 p. 100 sur les sommes payées à titre de traitement fixe ou éventuel, de soldes et accessoires de soldes, de préciput, de suppléments de traitement ou de solde, de remises proportionnelles, de commissions ou constituant un émolument personnel faisant corps avec le traitement ou la solde.

A cette retenue s'ajoutent, le cas échéant, celles qui sont prélevées pour cause de congé, d'absence ou par mesure disciplinaire.

ARTICLE 4. — Les suppléments de traitements et indemnités prévus ou visés par l'article 57 de la loi du 30 avril 1921, par l'article 70 de la même loi, sous réserve des indemnités non soumises à retenue, énumérées à l'article 66 de ladite loi, par la loi du 16 juillet 1921, par l'article 117 de la loi du 31 décembre 1921, par la loi du 30 novembre 1922 et par la loi du 30 juin 1923, et de façon générale les indemnités constituant des suppléments de traitement, à l'exclusion des indemnités spéciales ou représentatives de dépenses, entrent en compte dans le calcul de la pension et sont soumises à la retenue de 6 p. 100.

Les fonctionnaires ayant bénéficié des suppléments de traitement visés à l'alinéa précédent devront verser rétroactivement, s'il y a lieu, la retenue de 6 p. 100 sur les suppléments de traitement qui entreront en compte dans le calcul de leur traitement moyen des trois dernières années.

Le montant de ces retenues sera précompté sur les arrérages de leur retraite sans que ce prélèvement puisse réduire ces arrérages de plus d'un cinquième.

ARTICLE 5. — Jusqu'à revision générale des traitements, soldes et indemnités de toutes natures, prévues par l'article 39 de la loi du 30 avril 1921, les retenues sur la solde des militaires et marins demeurent fixées par la législation en vigueur.

Jusqu'à cette même date, leur pension sera calculée en tenant compte de la solde métropolitaine de présence à terre proprement dite, augmentée des indemnités temporaires de solde et de l'indemnité pour charges militaires au taux le plus réduit dans chaque grade.

Pour le calcul de la pension, la solde de base des officiers mariniers du corps des équipages de la flotte sera augmentée d'une allocation forfaitaire de vivres fixée à 1 fr. 50 par jour.

ARTICLE 6. — Pour les agents rétribués par des remises ou salaires variables, un règlement d'administration publique déterminera la quotité du traitement sur laquelle devront porter les retenues.

Les fonctionnaires de l'enseignement, y compris les professeurs de collèges communaux, subissent les retenues sur les traitements déterminés par les lois et les décrets organiques, à l'exclusion des subventions obligatoires ou facultatives des départements et des communes.

ARTICLE 7. — Les retenues légalement perçues ne peuvent être répétées. Celles qui ont été irrégulièrement prélevées n'ouvrent aucun droit à pension. Dans ce cas, le remboursement sans intérêt peut en être réclamé par les ayants droit.

TITRE Ier

FONCTIONNAIRES & EMPLOYÉS CIVILS

CHAPITRE PREMIER

Pensions d'Ancienneté.

ARTICLE 8. — Le droit à pension d'ancienneté est acquis à soixante ans d'âge et trente ans accomplis de services effectifs.

Il suffit de cinquante-cinq ans d'âge et de vingt-cinq ans de services pour les fonctionnaires ou employés qui ont passé quinze ans dans la partie active.

Les limites d'âge sont fixées, suivant les services et les catégories d'emploi, par des règlements d'administration publique.

Est dispensé de la condition d'âge, établie aux premiers paragraphes du présent article, le titulaire qui est reconnu par le Ministre, après avis du médecin assermenté, hors d'état de continuer ses fonctions.

ARTICLE 9. — Les services civils rendus hors d'Europe par les bénéficiaires de la présente loi sont comptés pour un tiers en sus de leur durée effective. Ils sont comptés seulement pour un quart dans les services sédentaires rendus dans les territoires civils de l'Afrique du Nord.

L'âge exigé par l'article 8 pour avoir droit à une pension d'ancienneté est réduit d'un an pour chaque période de trois ans de services sédentaires ou de deux ans de services actifs accomplis hors d'Europe.

ARTICLE 10. — Les services civils, y compris les services auxiliaires, temporaires ou d'aide accomplis dans différents établissements ou administrations de l'Etat, ne sont comptés qu'à partir de l'âge de dix-huit ans, sous réserve du versement rétroactif, lors de l'admission définitive dans les cadres, des retenues légales calculées sur le traitement initial de fonctionnaire titulaire.

L'article 85 de la loi du 8 avril 1910 est applicable au temps de surnumérariat ou de stage accompli après l'âge de dix-huit ans.

Pourront faire état, pour la retraite, des services visés aux précédents paragraphes, les fonctionnaires titulaires en exercice lors de la promulgation de la présente loi.

ARTICLE 11. — Les fonctionnaires et employés civils sont admis à la retraite sur leur demande ou peuvent y être admis d'office.

La demande de mise à la retraite doit faire l'objet d'un préavis de six mois de la part de l'intéressé.

ARTICLE 12. — Les services militaires accomplis dans les armées de terre et de mer concourent avec les services civils pour la détermination du droit à pension. Ils sont comptés pour leur durée effective.

ARTICLE 13. — Les services militaires qui n'ont donné lieu ni à pension ni à solde de réforme sont liquidés, soit comme services militaires, d'après le taux qui leur serait applicable au moment de la cessation desdits services, soit comme services civils actifs, suivant que l'une ou l'autre de ces liquidations est plus favorable au fonctionnaire.

Les services militaires qui ont déjà été rémunérés soit par une pension de retraite, soit par une pension ou solde de réforme. n'entrent pas dans le calcul de la liquidation. Toutefois, pour les retraités militaires terminant leur carrière dans un emploi civil, si la liquidation civile du temps de service obligatoire donne un produit supérieur à la liquidation militaire de cette période, la pension civile sera majorée de la différence entre la liquidation civile et la liquidation militaire.

ARTICLE 14. — Les bénéfices de campagne, supputés comme il est dit aux articles 36 et 37 ci-après, sont attribués aux fonctionnaires et employés civils, anciens combattants, qui peuvent y prétendre, lorsqu'ils réunissent les conditions voulues pour l'admission à la retraite.

Il en est de même des services aériens exécutés par le personnel civil, donnant droit à des bonifications, telles qu'elles sont déterminées par l'article 37 ci-après, relatif au personnel militaire ou marin. Ces services conféreront, d'autre part, pour chaque période de deux années de services aériens, une réduction d'une année de l'âge minimum de la retraite.

Les bénéfices de campagne, sont liquidés sur la base d'un cinquantième du traitement moyen.

ARTICLE 15. — Les fonctionnaires et employés civils qui, détachés dans les conditions prévues à l'article 33 de la loi du 30 décembre 1913, sans cesser d'appartenir au cadre permanent d'une administration publique et en conservant leurs droits à l'avancement hiérarchique, sont rétribués en tout ou en partie sur les fonds des départements, des communes, des colonies, d'établissements publics ou privés, des gouvernements étrangers, continuent dans cette position d'acquérir des droits à pension.

Ces agents doivent toutefois supporter les retenues prévues par la présente loi sur le traitement d'activité afférent à leur grade et à leur classe dans le service dont ils sont détachés.

Dans ce cas, la pension est calculée sur la moyenne des traitements et émoluments dont le fonctionnaire aurait joui pendant les trois dernières années s'il eût été rétribué directement par l'Etat.

ARTICLE 16. — Est compté comme service effectif, dans la limite maxima de cinq ans, pour les droits à la retraite et dans les conditions prévues par les lois et décrets en Conseil d'Etat, le temps passé dans la position de disponibilité ou de non-activité pour les fonctionnaires et employés civils, sous réserve que lesdits fonctionnaires subissent pendant ce temps, sur leur dernier traitement d'activité, les retenues prescrites par la présente loi.

ARTICLE 17. — Les fonctionnaires et employés civils qui, en dehors du cas d'invalidité, viennent à quitter le service pour quelque cause que ce soit, avant de pouvoir obtenir leur admission à la retraite ont droit, dans les conditions fixées ci-après, au remboursement de la retenue subie d'une manière effective sur leur traitement.

Le produit de cette retenue, majoré de ses intérêts calculés au taux bonifiés à ses déposants par la Caisse d'Epargne et de Prévoyance de Paris à l'époque du départ, est transféré à la Caisse Nationale d'Assurance en cas de décès, pour servir à la constitution, au profit du fonctionnaire et de l'employé, d'une assurance de capital différé dont l'échéance est fixée au plus tôt à l'expiration d'un délai de cinq ans à dater du départ de l'intéressé.

Ce transfert peut, au choix du bénéficiaire, être effectué à capital aliéné ou à capital réservé et suivant les modalités prévues par la législation de la Caisse Nationale d'Assurance en cas de décès.

Les femmes fonctionnaires ou employées, mères de trois enfants vivants, quittant leurs fonctions sans avoir droit à pension, peuvent demander le remboursemnt immédiat de leurs retenues bonifiées de leurs intérêts.

Les femmes fonctionnaires et employées, mariées ou mères de famille, qui auront accompli quinze années au moins de services effectifs ont droit à une pension de retraite calculée, pour chaque année de service, à raison d'un soixantième ou d'un cinquantième du traitement moyen prévu à l'article 2.

La jouissance de cette pension sera différée jusqu'à l'époque où les intéressés auraient acquis le droit à pension d'ancienneté.

Les fonctionnaires qui, ayant quitté le service, ont été remis en activité, soit dans l'administration dont ils faisaient partie, soit dans une autre administration publique, bénéficient, pour la retraite, de la totalité des services qu'ils ont rendus à l'Etat, sous condition que l'intéressé reverse au Trésor les retenues qui, éventuellement, lui auraient été remboursées.

ARTICLE 18. — Les femmes fonctionnaires ou employées bénéficieront d'une bonification d'âge et de service d'une année pour chacun des enfants qu'elles auront eus.

CHAPITRE II

Pensions pour Invalidité.

ARTICLE 19. — Peuvent exceptionnellement obtenir pension, quels que soient leur âge et la durée de leur activité, les fonctionnaires et employés civils qui ont été mis hors d'état de continuer leur service, soit par suite d'un acte de dévouement dans un intérêt public, soit en exposant leurs jours pour sauver la vie d'une ou de plusieurs personnes, soit par suite de lutte soutenue ou d'attentat subi à l'occasion de leurs fonctions.

La pension, dans ce cas, est égale aux trois quarts du dernier traitement d'activité.

ARTICLE 20. — Lorsque les fonctionnaires et employés civils se trouvent dans l'impossibilité absolue de continuer leur service par suite de maladie, de blessures ou d'infirmités graves dûment établies, ils peuvent être admis à la retraite, soit sur leur demande, soit d'office.

L'invalidité devra être constatée par une commission de réforme composée comme suit :

1° Un médecin assermenté de l'administration ;

2° Trois agents désignés par le Ministre ;

3° Deux agents du même service que l'intéressé et élus par leurs collègues.

L'intéressé a le droit de prendre connaissance de son dossier et de faire entendre, par la commission de réforme, un médecin de son choix.

En cas d'invalidité constatée, ainsi qu'il est dit ci-dessus, les fonctionnaires et employés civils ont droit, quels que soient leur âge et la durée de leur activité, à une pension immédiate dont le montant est déterminé dans les conditions prévues ci-après.

ARTICLE 21. — Si le fonctionnaire ou employé civil est atteint d'une invalidité qui résulte de l'exercice de ses fonctions, il lui est alloué une pension dont le montant est égal au tiers du dernier traitement d'activité, sans que cette pension puisse être inférieure à 1.500 francs, ou à la pension d'ancienneté, calculée, pour chaque année de services, à un trentième ou à un vingt-cinquième de la pension minimum mentionnée à l'article 2, ces services étant accrus, s'il y a lieu, de la bonification coloniale et des bénéfices de campagne.

Toutefois, en raison du risque colonial, les pensions des fonctionnaires coloniaux retraités pour blessures ou infirmités contractées en service ne pourront être inférieures au minimum de la pension d'ancienneté afférente au dernier traitement d'activité, les services étant accrus des bonifications coloniales et du bénéfice des campagnes.

ARTICLE 22. — Lorsque l'invalidité ne résulte pas de l'exercice des fonctions, le fonctionnaire ou employé civil qui compte au moins quinze ans de services, bonifiés le cas échéant, comme il est dit à l'article précédent, a droit à une pension calculée à raison d'un soixantième ou d'un cinquantième du traitement moyen.

Si la durée des services du fonctionnaire ou employé civil invalide n'atteint pas quinze années, il est alloué à celui-ci une rente viagère, à jouissance immédiate, constituée à la Caisse Nationale des Retraites pour la Vieillesse, par le versement à cette institution du montant des retenues effectivement prélevées sur son traitement, lesdites retenues augmentées de leurs intérêts calculés au taux bonifié à ses déposants par la Caisse d'Epargne et de Prévoyance de Paris à l'époque de cessation des fonctions. Ce versement est, au gré de l'intéressé, opéré à capital aliéné ou à capital réservé et suivant les modalités de la Caisse Nationale des Retraites pour la Vieillesse.

Au montant de la rente ainsi constituée s'ajoute une subvention définitive de l'Etat égale au montant du capital constitutif de ladite rente et versée à capital aliéné à la Caisse Nationale des Retraites pour la Vieillesse.

CHAPITRE III

Pensions aux Veuves et Orphelins
des Fonctionnaires et Employés civils.

ARTICLE 23. — Les veuves des fonctionnaires et employés civils ont droit à une pension égale à 50 p. 100 de la retraite d'ancienneté ou d'invalidité obtenue par leur mari ou qu'il aurait obtenue le jour de son décès, suivant que la durée de ses services lui eût donné droit à cette date à une pension d'ancienneté ou à une pension d'invalidité.

Ce droit à pension est subordonné à la condition, s'il s'agit d'une pension d'invalidité, que le mariage soit antérieur à l'événement qui a amené la mise à la retraite ou la mort du mari, et, s'il s'agit d'une pension d'ancienneté, que le mariage ait été contracté deux ans avant la cessation de l'activité, à moins qu'il existe un ou plusieurs enfants issus du mariage antérieur à cette cessation.

Chaque orphelin a droit, en outre, jusqu'à l'âge de vingt et un ans, à une pension temporaire égale à 10 p. 100 de la retraite d'ancienneté ou d'invalidité visée ci-dessus, sans toutefois que le cumul de la pension de la mère et de celle des orphelins puisse excéder le montant de la pension attribuée ou qui aurait été attribuée au père. S'il y a un excédent, il est procédé à la réduction temporaire des pensions d'orphelins.

Au cas de décès de la mère ou si celle-ci est inhabile à obtenir pension ou déchue de ses droits, les droits qui lui appartiendraient passent aux enfants âgés de moins de vingt et un ans et la pension temporaire de 10 p. 100 est maintenue, à partir du deuxième, à chaque enfant mineur de vingt et un ans, dans la limite du maximum fixé à l'alinéa précédent.

Les enfants naturels reconnus sont assimilés aux orphelins de père et de mère.

Les pensions attribuées aux enfants ne peuvent pas, au total, être inférieures au montant des indemnités pour charges de famille dont le père bénéficierait de leur chef s'il était vivant.

ARTICLE 24. — Lorsqu'il existe une veuve et des enfants mineurs de deux lits, par suite d'un mariage antérieur du fonctionnaire ou employé, la pension de la veuve est maintenue au taux de 50 p. 100 ; celle des orphelins est fixée pour chacun d'eux à 10 p. 100 dans les conditions prévues au troisième alinéa de l'article 23.

Lorsque les enfants mineurs issus des deux lits sont orphelins de père et de mère, la pension qui aurait été attribuée à la veuve se partage par parties égales entre chaque groupe d'orphelins, la pension temporaire de 10 p. 100 étant, dans ce cas, attribuée dans les conditions prévues au quatrième alinéa de l'article 23.

ARTICLE 25. — Les orphelins mineurs d'une femme fonctionnaire ou employée décédée en jouissance de pension ou en possession de droits à pension par application des dispositions de la présente loi, ont droit à pension dans les conditions prévues au quatrième paragraphe de l'article 23.

Si le père est vivant, les enfants mineurs ont droit à une pension temporaire réglée pour chacun d'eux, à raison de 10 p. 100 du montant de la pension attribuée ou qui aurait été attribuée à la mère.

Toutefois, les pensions attribuées aux enfants ne peuvent pas, au total, être inférieures au montant des indemnités pour charges de famille dont la mère bénéficierait de leur chef si elle était en vie.

ARTICLE 26. — La femme séparée de corps ou divorcée, lorsque le jugement a été prononcé contre elle, ne peut prétendre à la pension de veuve ; les enfants, s'il y en a, sont considérés comme orphelins de père et de mère et ont droit à la pension déterminée à l'article 23, quatrième alinéa.

En cas de divorce postérieur à la présente loi et prononcé au profit de la femme, celle-ci aura droit, ainsi que les enfants mineurs, à la pension définie à l'article 23.

En cas de remariage du mari, si celui-ci a laissé une veuve ayant droit à pension, cette pension sera, le cas échéant, partagée par moitié entre la veuve et la femme divorcée ; au décès de l'une, sa part accroîtra à l'autre, sauf réversion de droit au profit d'enfants mineurs.

ARTICLE 27. — Si la veuve se remarie, elle peut, à l'expiration de l'année qui suit son nouveau mariage, renoncer à sa pension. Dans ce cas, elle a droit au versement immédiat d'un capital représentant trois annuités de cette pension, et la pension, si le défunt a laissé des enfants mineurs, est transférée sur leur tête jusqu'à ce que le dernier d'entre eux ait atteint vingt et un ans.

CHAPITRE IV

Dispositions Spéciales.

ARTICLE 28. — Les fonctionnaires et employés civils de l'Afrique du Nord, des Colonies, Pays de Protectorat et à mandat, dont les emplois conduisent à pension de l'Etat sont soumis, ainsi que leurs ayants droit, à l'application des règles tracées aux dispositions générales et aux chapitres Ier, II, III du présent titre pour les fonctionnaires et employés civils.

Toutefois, le minimum de 1,500 francs, prévu à l'article 21, n'est pas applicable aux agents dont les émoluments assujettis à retenues pour pension ne dépassent pas 3,000 francs. Il est, dans ce cas, fixé à la moitié desdits émoluments.

ARTICLE 29. — Les fonctionnaires et employés civils, entrés dans les administrations de l'Etat après l'âge de trente ans et qui ne pourraient prétendre, à l'âge de soixante ans, à la pension d'ancienneté prévue à l'article 8 de la présente loi, auront droit, à soixante ans, à une pension calculée à raison d'un trentième ou d'un vingt-cinquième de la pension minimum d'ancienneté pour chaque année de services.

Les articles 15 de la loi du 30 avril 1920 et 31 de la loi du 29 avril 1921 sont abrogés, sauf en ce qui concerne les agents qui, déjà affiliés par application de ces textes à la Caisse Nationale des Retraites pour la Vieillesse, demanderaient, dans un délai de six mois, leur maintien sous le régime de cette Caisse.

TITRE II

MILITAIRES DES ARMÉES DE TERRE & DE MER

CHAPITRE PREMIER

Pensions d'Ancienneté et Proportionnelles.

ARTICLE 30. — Le droit à la pension d'ancienneté de services est acquis, pour les officiers des armées de terre et de mer, à trente ans accomplis de services militaires effectifs et, pour les personnels militaires non officiers, à vingt-cinq ans accomplis de services militaires effectifs.

Toutefois, ce droit est acquis à vingt-cinq ans de services militaires effectifs pour les officiers de toutes armes, de tous corps ou services, des armées de terre ou de mer lorsqu'ils comptent six ans de services accomplis hors d'Europe ou en navigation au service de l'Etat. Les services en navigation devront être accomplis dans les conditions fixées par un règlement d'administration publique.

Le temps passé par un officier des troupes coloniales entre le 2 août 1914 et le 11 novembre 1918 sur l'un quelconque des théâtres d'opérations autre que les Colonies ou Pays de Protectorat français lui sera compté pour la moitié de sa durée effective comme temps de séjour aux Colonies.

Sont assimilés au service en navigation les fonctions remplies par les officiers des Armées de terre et de mer appartenant aux personnels volants ou navigants de l'aéronautique, sous la réserve qu'ils aient justifié durant quatre ans de services aériens exécutés dans les conditions fixées par l'article 37 ci-après.

Ont également droit à la pension d'ancienneté après vingt-cinq ans accomplis de services effectifs, les officiers qui, bien que ne réunissant pas six ans de services de la nature définie au paragraphe 2 ci-dessus, ont été placés en non-activité pour infirmités temporaires et reconnus, par un conseil d'enquête, non susceptibles d'être rappelés à l'activité.

Les officiers qui, aux termes de l'article 116 de la loi du 30 juin 1923, peuvent être mis à la retraite avec le grade supérieur et la jouissance de la pension de ce grade, continueront à bénéficier des avantages de cette loi, sans qu'il soit tenu compte du traitement de leurs trois dernières années d'activité.

Cette disposition s'appliquera aux officiers de cette catégorie mis à la retraite après le 1er janvier 1923.

ARTICLE 31. — Pour la détermination du droit à la pension militaire de retraite à titre d'ancienneté de service, le point de départ des années de services effectifs se compte d'après les règles fixées par les lois de recrutement sans que toutefois l'effet de cette disposition puisse faire remonter le point de départ des services avant l'âge de seize ans.

En ce qui concerne les élèves admis dans les grandes écoles militaires et navales et dans les écoles militaires préparatoires de l'Etat et à l'Ecole Coloniale, antérieurement à tout engagement militaire, les services effectifs se comptent du jour de l'entrée à l'école, sous réserve de la disposition restrictive visée à l'alinéa précédent.

ARTICLE 32. — Les services civils entrent en compte pour l'établissement du droit à pension militaire.

ARTICLE 33. — En temps de guerre, les retraités militaires rappelés à l'activité, reçoivent la solde d'activité et les accessoires de solde de leur grade. S'ils perçoivent une solde mensuelle, le payement de leur pension de retraite est suspendu jusqu'au moment où ils sont rendus à la vie civile.

Les prescriptions interdisant le cumul d'une solde et d'une pension militaire sont, d'autre part, suspendues pendant toute la durée de la mobilisation, pour les retraités militaires rappelés à l'activité et touchant une solde journalière.

La pension est revisée sur la solde du grade le plus élevé en tenant compte des nouveaux services.

ARTICLE 34. — Chaque année de services effectifs au delà du minimum de temps de service exigé pour le droit à pension et chaque année de campagne donnent droit à une majoration d'un cinquantième de la solde moyenne.

Toutefois, la pension ne pourra dépasser les trois quarts de la solde moyenne que pour les militaires et marins non officiers qui pourront obtenir quinze annuités supplémentaires au delà du minimum sans dépasser ce nombre.

Le minimum de la pension des caporaux et soldats ou des militaires des armées de terre et de mer de grade correspondant, ne peut être inférieur à 2.120 francs pour les caporaux et 1.920 francs pour les soldats. Les maxima sont, dans ce cas, de 2.550 francs pour les caporaux et 2.220 francs pour les soldats, chaque annuité correspondant à un quinzième de la différence entre le maximum et le minimum.

ARTICLE 35. — Les officiers généraux placés dans la 2ᵉ section de l'Etat-Major général reçoivent une somme égale au taux de la pension à laquelle ils auraient droit s'ils étaient retraités.

ARTICLE 36. — Aux militaires de tous grades de l'armée de terre, ainsi qu'aux personnels militaires des différents corps de la Marine qui réunissent les conditions voulues pour l'admission à pension de retraite, il est attribué en sus de la durée effective de leurs services à l'Etat des bénéfices de campagne décomptés selon les règles ci-après :

A. — Double en sus de la durée effective pour le service accompli en opérations de guerre :

1° Soit dans les opérations des armées françaises et des armées alliées ;

2° Soit à bord des bâtiments de guerre de l'Etat, des bâtiments de commerce au compte de l'Etat ou des mêmes bâtiments des puissances alliées.

Dans les cas envisagés ci-dessus, le bénéfice de la double campagne ne prendra fin, pour tout blessé de guerre, qu'à l'expiration d'une année complète à partir du jour où il a reçu sa blessure.

B. — Totalité en sus de la durée effective :

1° Pour le service accompli sur le pied de guerre pour tous les militaires et marins autres que ceux placés dans les positions définies au paragraphe A ci-dessus ;

2° Pour le service accompli en voyage de découverte ou d'exploration sur l'ordre du Gouvernement ;

3° Pour le temps passé en captivité pour les militaires et marins prisonniers de guerre ;

4° Pour le service accompli en Corse et dans l'Afrique du Nord par la gendarmerie.

C. — Totalité en sus ou moitié en sus de la durée effective, selon le degré d'insalubrité ou les conditions d'insécurité du territoire envisagé, lesquels seront déterminés par un règlement d'administration publique, le service accompli, soit à terre, soit à bord des bâtiments de l'Etat ou des bâtiments de commerce au comptc de l'Etat :

1° En Algérie, dans les Colonies, Pays de Protectorat ou territoire à mandat pour les militaires et marins envoyés de la métropole, d'Algérie ou d'une autre Colonie ou Pays de Protectorat.

Sont considérés à cet égard comme envoyés d'Europe, les militaires et marins français originaires d'Europe ou nés dans une colonie, pays de protectorat ou territoire à mandat, de père et mère tous deux Européens, de passage dans ces régions et n'y étant pas définitivement fixés ;

2° Dans un pays étranger, pour les troupes d'occupation de terre et de mer et pour les catégories de personnel désignées par décret contresigné par le ou les ministres intéressés et par le Ministre des Finances.

D. — Moitié en sus de la durée effective :

1° Pour le service accompli sur le pied de paix à bord des bâtiments de l'Etat, armés et dans les conditions fixées par un décret ;

2° Pour lc temps passé à bord des mêmes bâtiments ou de bâtiments de commerce en temps de paix, entre la métropole et un territoire colonial ou à mandat, de protectorat ou étrangér, en cas d'embarquement pour rejoindre ou quitter son poste.

E. — Moitié de la durée effective, et à titre de bonification seulement, la navigation accomplie, en temps de guerre seulement, à bord des bâtiments ordinaires du commerce.

Les bonifications ainsi acquises ne pourront jamais entrer pour plus d'un tiers dans l'évaluation totale des services admis en liquidation.

ARTICLE 37. — En dehors des opérations de guerre, l'exécution d'un service aérien commandé donne droit à des bonifications dans la limite du maximum du double en sus de la durée effective des services à l'Etat.

Des décrets rendus sur la proposition des Ministre de la Guerre ou de la Marine ou des ministres disposant de personnel exécutant des services aériens, contresignés par le Ministre des Finances, détermineront les conditions dans lesquelles le service aérien doit être exécuté pour donner droit à des bonifications et en fixeront la quotité.

Dans aucun cas celles-ci ne pourront, par période douze mois consécutifs, dépasser deux ans, ni se cumuler au delà de ce chiffre avec des bonifications obtenues pour d'autres causes.

ARTICLE 38. — Lorsque les services effectifs sont de nature à donner à la fois des droits à plusieurs des bonifications prévues à l'article 36 ci-dessus, les bonifications ainsi allouées s'additionnent sans toutefois que la période supplémentaire fictive, accordée comme bonification, puisse jamais dépasser le double de la durée effective du service auquel elle se rapporte.

ARTICLE 39. — Les bénéfices de campagne sont calculés sur la durée des services qu'ils rémunèrent. Toutefois, lorsqu'un nombre impair de jours de services effectifs donne lieu à bonification de moitié en sus, cette bonification est complétée à un nombre entier de jours.

Lorsque le décompte final des services effectifs et des bonifications pour campagne fait ressortir dans le total une fraction de mois, celle-ci, dans le calcul du taux de la pension à allouer, est décomptée pour un douzième entier d'annuité.

ARTICLE 40. — Le mode de décompte des bénéfices de campagne établi par la présente loi sera appliqué à tous les services accomplis à dater de la promulgation de la présente loi ; pour les services antérieurs, les règles en vigueur antérieurement à l'application de la présente loi demeureront applicables.

ARTICLE 41. — Les pensions des militaires non officiers de la gendarmerie sont augmentées, pour chaque année d'activité passée dans la gendarmerie au delà de quinze ans de services militaires effectifs :

De 55 francs pour le chef de brigade H. C. ou de 1re classe ;

De 50 francs pour le chef de brigade H. C. ou de 2e classe ;

De 45 francs pour le chef de brigade H. C. ou de 3e classe ;

De 40 francs pour le chef de brigade H. C. ou de 4e classe ;

De 35 francs pour le gendarme.

Le droit à ces annuités, basé sur le grade dont le militaire est titulaire à l'époque de sa mise à la retraite, est acquis après vingt-cinq ans de services effectifs. Le maximum de l'augmentation est atteint à trente ans de services effectifs.

Le militaire qui, après être sorti de la gendarmerie pour une cause quelconque, y est réadmis, ne profite de la majoration dont il s'agit que pour le temps accompli dans cette arme depuis sa réadmission.

En cas d'admission à la retraite à titre de blessures ou d'infirmités contractées au service, le bénéfice des annuités déterminé ci-dessus est acquis au militaire, mais seulement pour le nombre d'années de présence dans la gendarmerie.

Les dispositions du présent article sont applicables aux militaires de la gendarmerie maritime qui ont été versés d'office dans ce corps par suite de la suppression du personnel de surveillance des prisons maritimes. Les services accomplis par ces militaires, en qualité de surveillants des prisons maritimes, seront réputés accomplis dans la gendarmerie pour le calcul de la majoration spéciale.

Article 42. — Les droits à pension d'ancienneté ou à pension proportionnelle pour les militaires indigènes recrutés par voie d'engagement ou d'appel individuel sont acquis dans les mêmes conditions que pour les militaires français. Le taux et les règles d'allocation desdites pensions, pour les militaires indigènes non officiers, sont fixés par des règlements d'administration publique, d'après les conditions de la vie locale.

Article 43. — Les militaires servant ou ayant servi au titre étranger ont les mêmes droits à pension que les militaires servant ou ayant servi au titre français, sauf dans le cas où ils participeraient à un acte d'hostilité contre la France. Toutefois, sous la réserve que les autres conditions requises par la présente loi pour la réversibilité de la pension seront remplies, le droit à pension n'est réversible que si l'intéressé a épousé une Française.

Article 44. — Les militaires et marins de tous grades et de tous les corps peuvent être admis sur leur demande, après quinze ans accomplis de services effectifs et trente-trois ans d'âge, au bénéfice d'une pension de retraite proportionnelle calculée d'après les règles ci-après :

Si le total des services effectifs et des annuités pour bénéfices de campagne est égal ou inférieur à vingt-cinq ans, pour les militaires ou marins non officiers et pour les officiers réunissant, d'autre part, six années de services hors d'Europe ou en navigation au service de l'Etat, ou à trente ans pour les officiers ne réunissant pas cette dernière condition, le taux de la pension est égal, suivant le cas, à autant de vingt-cinquièmes ou de trentièmes de la pension qui reviendrait à l'ayant cause s'il était admis à la retraite à titre d'ancienneté de services.

Si le total des services effectifs et des annuités pour campagnes dépasse vingt-cinq ou trente annuités, suivant le cas, la pension est liquidée comme pension d'ancienneté en ajoutant au minimum de la pension correspondant à vingt-cinq ou trente annuités, et pour chaque annuité supplémentaire, un cinquantième de la solde moyenne.

Dans tous les cas, et pour les officiers seulement, la jouissance de cette pension est différée jusqu'au jour où l'ayant cause aurait eu droit à une pension d'ancienneté ou aurait été atteint par la limite d'âge s'il était resté au service. De plus, le nombre des retraites proportionnelles d'officiers à accorder chaque année sur demande sera déterminé annuellement par la loi de finances.

Les militaires et marins venant à quitter le service, pour quelque cause que ce soit, sans pouvoir prétendre à pension, auront droit au remboursement de la retenue subie d'une manière effective sur leur solde, dans les conditions prévues à l'article 17, paragraphes 2 et 3.

ARTICLE 45. — Tout officier placé en position de réforme pour infirmités incurables, dans les conditions fixées par la loi du 19 mai 1834 sur l'état des officiers et pour infirmités non imputables au service, reçoit, s'il a moins de quinze ans de services effectifs à l'Etat, pendant un temps égal à la durée de ses services, une solde de réforme égale aux deux tiers du minimum de la pension qui lui serait allouée s'il était admis à la retraite à titre d'ancienneté de services.

Si la réforme est prononcée par mesure disciplinaire, le montant de la solde est fixé à la moitié de la pension.

L'officier ayant au moment de sa réforme plus de quinze ans de services à l'Etat reçoit une pension proportionnelle calculée dans les conditions prévues à l'article précédent pour les retraites proportionnelles. La jouissance de cette pension est immédiate.

Si la réforme est prononcée par mesure disciplinaire, la pension est exclusive de toute majoration pour bénéfice de campagne.

Le sous-officier ou l'officier marinier qui, après avoir servi pendant cinq ans au delà de la durée légale, serait réformé sans avoir acquis des droits, soit à une pension proportionnelle, soit à une pension d'invalidité, reçoit, pendant un temps égal à la durée de ses services effectifs, une solde de réforme égale au montant de la pension proportionnelle de son grade.

ARTICLE 46. — Les officiers et assimilés admis dans les cadres de l'activité dans des conditions telles que la durée de leurs services, au moment où ils sont atteints par la limite d'âge, ne serait pas suffisante pour leur donner droit à une pension d'ancienneté, reçoivent une pension proportionnelle calculée dans les conditions prévues à l'article 44.

CHAPITRE II

Pensions d'Invalidité.

ARTICLE 47. — Les pensions d'invalidité restent fixées par la législation spéciale sur les pensions pour invalidité des militaires et marins pour toutes les invalidités contractées ou aggravées par le fait ou à l'occasion du service.

L'article 59 de la loi du 31 mars 1919 est étendu à tous les cas où l'infirmité est attribuable à un service accompli en opérations de guerre.

En aucun cas, la pension d'invalidité accordée à un militaire mis à la retraite pour infirmité le rendant définitivement incapable d'accomplir son service ne pourra être inférieure à la pension minimum d'ancienneté du grade, augmentée des annuités pour campagnes acquises par l'intéressé.

CHAPITRE III

Pensions des Veuves et Orphelins des Militaires et Marins.

ARTICLE 48. — Sont applicables aux ayants cause des militaires et marins dont les droits ne se trouvent pas régis par la législation spéciale des pensions pour invalidité, les dispositions du chapitre III du titre Ier de la présente loi, sous réserve de la disposition particulière ci-après :

La pension des veuves des maréchaux de France est fixée à 18.000 francs.

ARTICLE 49. — La pension des ayants cause des militaires et marins de tous grades, décédés titulaires d'une pension proportionnelle, est calculée en prenant pour base le taux de cette pension.

Les ayants cause des militaires des armées de terre et de mer, décédés en activité de service, après quinze ans de services effectifs à l'Etat, reçoivent une pension dont le montant est également calculé d'après le taux de la pension proportionnelle à laquelle aurait pu prétendre le militaire décédé, que celui-ci ait ou non demandé le bénéfice du quatrième alinéa de l'article 44.

ARTICLE 50. — Les droits à pension des ayants cause des militaires et marins décédés titulaires d'une pension d'invalidité ou décédés en activité des suites de blessures ou de maladies aggravées ou contractées en service, sont fixés par la législation spéciale sur les pensions pour invalidité.

Lorsque les dispositions de l'article 51 ne leur sont pas applicables, la pension qui leur est dévolue ne peut être inférieure à celle qui leur reviendrait en prenant pour base celle prévue au dernier alinéa de l'article 47.

ARTICLE 51. — Lorsqu'un militaire ou marin réunissant les conditions requises pour l'obtention d'une pension fondée sur la durée des services vient à décéder, par le fait ou à l'occasion du service, en possession d'une pension réversible d'invalidité ou de droits à une pension de cette nature, ses ayants cause peuvent opter pour la pension fixée par les tarifs de la loi spéciale aux pensions d'invalidité ou pour la pension de réversion fixée par la présente loi.

Dans ce dernier cas, la pension de réversion d'ancienneté est augmentée de la pension à laquelle la veuve ou les orphelins d'un soldat décédé en possession des droits et dans les conditions spécifiées ci-dessus, pourraient prétendre en vertu de la loi spéciale aux pensions d'invalidité.

Article 52. — Les droits des ayants cause des militaires ou marins indigènes de l'Algérie, des Colonies, Pays de protectorat et territoires à mandat, appelés ou engagés dans les conditions prévues à l'article 42, seront déterminés par des règlements d'administration publique qui statueront, pour chaque colonie, d'après les conditions de la vie locale.

CHAPITRE IV

Dispositions Spéciales.

Article 53. — Les inspecteurs des colonies, ainsi que leurs ayants cause, sont soumis aux dispositions générales et à l'application des règles tracées aux chapitres Ier, II et III du présent titre pour les militaires des armées de terre et de mer.

Les surveillants militaires des établissements pénitentiaires coloniaux, ainsi que leurs ayants cause, sont soumis aux mêmes dispositions.

TITRE III

DISPOSITIONS D'ORDRE COMMUNES AUX PENSIONS CIVILES & MILITAIRES

Article 54. — Les pensions instituées par la présente loi sont incessibles et insaisissables, sauf en cas de débet envers l'Etat, les services locaux des Colonies ou Pays de protectorat, ou pour les créances privilégiées aux termes de l'article 2101 du Code civil et dans les circonstances prévues par les articles 203, 205, 206, 207 et 214 du même code.

Les débets envers l'Etat, ainsi que ceux contractés envers les services locaux des Colonies ou Pays de protectorat, rendent les pensions passibles de retenues jusqu'à concurrence d'un cinquième de leur montant. Il en est de même pour les créances privilégiées. Dans les autres cas, prévus au précédent alinéa, la retenue peut s'élever jusqu'au tiers du montant de la pension.

La retenue du cinquième et celle du tiers peuvent s'exercer simultanément.

En cas de débets simultanés envers l'Etat et les Colonies ou Pays de protectorat, les retenues devront être effectuées, en premier lieu, au profit de l'Etat.

ARTICLE 55. — Lorsqu'un bénéficiaire de la présente loi, titulaire d'une pension, a disparu de son domicile et que plus d'un an s'est écoulé sans qu'il ait réclamé les arrérages de sa pension, sa femme ou les enfants mineurs qu'il a laissés peuvent obtenir, à titre provisoire, la liquidation des droits de réversion qui leur seraient ouverts par les dispositions de la présente loi.

La même règle peut être suivie à l'égard des orphelins lorsque la mère pensionnée ou en possession de droits à pension a disparu depuis plus d'un an.

Une pension peut être également attribuée, à titre provisoire, à la femme ou aux enfants mineurs d'un bénéficiaire de la présente loi, disparu, lorsque celui-ci était en possession de droits à pension au jour de sa disparition et qu'il s'est écoulé au moins un an depuis ce jour.

La pension provisoire est convertie en pension définitive lorsque le décès est officiellement établi ou que l'absence a été déclarée par jugement passé en force de chose jugée.

ARTICLE 56. — Le droit à l'obtention ou à la jouissance de la pension est suspendu :

Par la condamnation à la destitution, prononcée par application des articles du Code de justice militaire ou maritime ;

Par la condamnation à une peine afflictive ou infamante, pendant la durée de la peine ;

Par les circonstances qui font perdre la qualité de Français, durant la privation de cette qualité ;

Pour les veuves et femmes divorcées, par la déchéance de la puissance paternelle.

S'il y a lieu, par la suite, à la liquidation ou au rétablissement de la pension, aucun rappel pour arrérages antérieurs n'est dû.

ARTICLE 57. — La suspension de la pension prévue à l'article précédent n'est que partielle si le pensionnaire a une femme ou des enfants mineurs ; en ce cas, la femme ou les enfants mineurs reçoivent, pendant la durée de la suspension, la pension à laquelle ils auraient droit si le pensionnaire était décédé.

Les frais de justice résultant de la condamnation du pensionnaire ne peuvent être prélevés sur la portion des arrérages ainsi réservés au profit de la femme et des enfants.

ARTICLE 58. — Tout bénéficiaire de la présente loi qui est constitué en déficit pour détournement de deniers de l'Etat, des départements, des communes ou établissements publics, de dépôts de fonds particuliers versés à sa caisse ou de matières reçues et dont il doit compte, ou qui est convaincu de malversations relatives à son service, perd ses droits à la pension, lors même qu'elle aurait été liquidée et inscrite.

La même disposition est applicable au fonctionnaire ou militaire convaincu de s'être démis à prix d'argent, ou à des conditions équivalant à une rémunération en argent, ainsi qu'à son complice.

ARTICLE 59. — Les titulaires de pensions civiles et militaires d'ancienneté nommés à un emploi civil rétribué soit par l'Etat, soit par les départements, Colonies ou Pays de protectorat, communes ou établissements publics, ne peuvent cumuler leurs pensions avec le traitement attaché à cet emploi qu'autant que le total n'excède pas 18.000 francs.

Si la pension et le traitement cumulés donnent une somme supérieure à ce chiffre, cette somme ne peut excéder soit le montant du dernir traitement ou de la dernière solde d'activité, augmenté des accessoires de traitement ou de solde, soit le montant du traitement correspondant à l'emploi occupé.

Dans tous les cas où la limite est dépassée, la réduction porte sur le traitement attaché à l'emploi et non sur la pension. Toutefois, les indemnités afférentes audit traitement, ayant un caractère temporaire, ou représentatives de dépenses personnelles occasionnées par la résidence, ne sont pas sujettes à réduction. Les sommes attribuées à titre de supplément colonial et celles ayant un caractère d'un remboursement de dépenses ou d'allocations non personnelles imposées par la fonction, ne rentrent pas en compte pour la détermination du maximum du cumul.

Les dispositions restrictives du cumul ne sont pas applicables aux membres de l'Institut et du Bureau des Longitudes, aux Membres de l'Ordre National de la Légion d'honneur et aux Médaillés militaires pour les traitements viagers qu'ils reçoivent en cette qualité, ni aux titulaires de pensions militaires proportionnelles.

ARTICLE 60. — Les militaires ou marins de la réserve ou de la territoriale cumulent, en temps de paix, pendant les exercices ou manœuvres auxquels ils sont convoqués, la pension militaire dont ils jouissent, avec la solde et les prestations militaires afférentes à leur grade, mais le temps passé sous les drapeaux dans ces conditions n'entre pas dans la supputation des services militaires donnant droit à pension ou à revision de pension.

ARTICLE 61. — Les indemnités allouées aux titulaires de pensions militaires à raison de l'exercice de fonctions militaires sont cumulables avec la pension dans les limites fixées à l'article 59, mais les services qu'elles rémunèrent ne peuvent en aucun cas ouvrir de nouveaux droits à la retraite ou à la revision de la pension.

Article 62. — Le cumul de plusieurs pensions servies par l'Etat les départements, Colonies ou Pays de protectorat, les communes ou établissement publics, est autorisé dans la limite de 18.000 francs. Au cas où cette limite est dépassée, l'excédent est retenu sur la pension servie par l'Etat.

Le cumul est interdit pour les pensions acquises dans l'exercice d'un même emploi.

En aucun cas, et pour quelque cause que ce soit, une veuve ne pourra cumuler sur sa tête deux pensions de réversion au titre de la présente loi. Il en est de même des orphelins.

Les dispositions du présent article ne sont pas applicables aux pensions que les lois antérieures ont affranchies des prohibitions de cumul, ni aux pensions militaires pour blessures ou infirmités pour lesquelles aucune modification n'est apportée aux dispositions en vigueur.

TITRE IV

DISPOSITIONS SPÉCIALES OU TRANSITOIRES

Article 63. — Toute nomination d'un pensionné civil ou militaire à titre d'ancienneté de services, à un emploi de l'Etat, des départements, des communes ou établissements publics, doit être notifié dans les quinze jours au Ministre des Finances par l'autorité qui l'a prononcée.

Article 64. — La liquidation de la pension est faite par le Ministre compétent.

Lorsqu'il s'agit d'une pension civile d'invalidité attribuée dans les conditions de la présente loi ou d'une pension militaire d'invalidité ne résultant pas d'événements de guerre, cette liquidation est soumise à l'examen de la Section des Finances, de la Guerre, de la Marine et des Colonies, du Conseil d'Etat. Il en est de même s'il s'agit d'une pension d'ancienneté civile ou militaire donnant lieu, soit à un désaccord entre le Ministre liquidateur et le Ministre des Finauces, soit à une demande de renvoi faite par l'un des Ministres intéressés.

Les pensions civiles sont concédées par décret contresigné par le Ministre des Finances. La pension est inscrite et le titre délivré après la publication au *Journal Officiel*.

Il n'est rien modifié, en ce qui concerne la concession des pensions militaires, aux dispositions de l'article 2, premier alinéa, de la loi du 27 avril 1920 ; ces pensions sont concédées par arrêtés interministériels signés du Ministre liquidateur et du Ministre des Finances.

Ampliation du décret ou de l'arrêté interministériel est délivrée à la Caisse des Pensions.

ARTICLE 65. — Les pensions attribuées en vertu de la présente loi sont irrévocables. Elles peuvent toutefois être annulées et revisées, s'il y a lieu, dans les cas suivants, par un décret rendu sur le rapport du Ministre des Finances, après avis du Conseil d'Etat :

1° Lorsqu'une erreur matérielle de liquidation ou de concession a été commise ;

2° Lorsque les énonciations des actes ou des pièces, sur le vu desquelles la pension a été concédée, sont reconnues inexactes, soit en ce qui concerne la fonction ou le grade, le décès ou le genre de mort, soit en ce qui concerne l'état civil ou la situation de famille ;

3° Lorsqu'il est démontré que la pension a été accordée en raison d'infirmités dont l'intéressé n'était pas atteint au moment où son droit a été constaté ;

4° Lorsqu'un ancien fonctionnaire ou militaire dont le prétendu décès a ouvert droit à pension de veuve ou d'orphelin est reconnu vivant.

La restitution des sommes payées indûment ne peut être exigée que si l'intéressé était de mauvaise foi. La restitution sera poursuivie à la diligence de la Caisse des Pensions, par l'Agent judiciaire du Trésor.

ARTICLE 66. — Tout pourvoi contre le rejet d'une demande de pension ou contre sa liquidation doit être formé, à peine de déchéance, dans un délai de trois mois à dater de la notification de la décision qui a prononcé le rejet ou qui a arrêté le chiffre de la pension concédée.

ARTICLE 67. — Les fonctionnaires ou employés civils, les militaires ou marins auxquels la présente loi est applicable, ainsi que leurs ayants droit, sont tenus, à peine de déchéance, de se pourvoir en liquidation dans un délai de cinq ans à partir de la cessation de l'activité, ou en ce qui concerne la veuve et l'orphelin, du décès de l'intéressé.

ARTICLE 68. — Les veuves des fonctionnaires, employés et ouvriers civils, des militaires et marins qui sont décédés en activité de service avant la promulgation de la loi sans avoir droit à pension, recevront une allocation annuelle qui sera de 30, 40 ou 50 francs par année de service, suivant que l'agent décédé avait un traitement, solde ou salaire inférieur à 3.000 ou 6.000 francs ou un traitement, solde ou salaire, de 6.000 francs et au-dessus.

Les veuves pourvues d'un emploi public ou d'un bureau de tabac de 1re classe, en raison des services rendus par leur mari, devront opter entre le maintien de l'emploi ou du bureau de tabac et l'allocation annuelle prévue par le présent article.

ARTICLE 69. — Dans chaque ministère, un règlement d'administration publique déterminera, dans les six mois de la promulgation de la présente loi, les catégories de personnels dont les emplois, quelle que soit leur dénomination présente, répondent à des besoins permanents et qui, en conséquence, devront être admis au bénéfice des dispositions de la présente loi.

ARTICLE 70. — Dans les deux mois qui suivront la promulgation de la présente loi, il sera institué une commission extraparlementaire nommée par les Ministres des Finances et de l'Intérieur, et chargée, dans un délai de six mois, de préparer une réforme du régime des retraites des fonctionnaires, employés et ouvriers départementaux et communaux.

ARTICLE 71. — Il est créé une caisse intercoloniale de retraites à laquelle seront assujettis les fonctionnaires et agents des cadres locaux européens, des Colonies, Pays de protectorat et territoires à mandat relevant du Ministère des Colonies dont les emplois ne conduisent pas à pension sur le Trésor public, sans qu'il y ait lieu de distinguer si ces pays possèdent ou non, actuellement, des caisses ou organisations de retraites ou de prévoyance.

La caisse intercoloniale est alimentée :

1° Par des retenues opérées sur le traitement des fonctionnaires et agents intéressés des colonies et dont le taux est celui déterminé par les articles 3 et 6 ci-dessus ;

2° Par les subventions, actuellement versées aux caisses existantes par les budgets généraux, locaux et spéciaux. Les colonies qui n'ont pas actuellement de caisses de retraites verseront des subventions fixées par décret rendu sur la proposition du Ministre des Colonies.

Dans le cas où les ressources de la caisse intercoloniale ne seraient pas suffisantes pour assurer le service des pensions aux ayants droit, un décret, rendu sur la proposition du Ministre des Colonies fixera le *quantum* de la contribution supplémentaire à exiger de chacun des budgets en cause.

La caisse intercoloniale absorbera toutes les caisses ou organismes de retraites ou de prévoyance existant lors de la promulgation de la loi, après qu'il aura été procédé à l'apurement de leur situation.

Un décret, rendu sur la proposition du Ministre des Colonies, fixera le montant de la contribution initiale que devront verser, à la Caisse Intercoloniale, les colonies ne possédant pas de Caisses locales ou organismes de retraite ou de prévoyance ; les dépenses administratives de la Caisse sont assurées par des crédits inscrits au budget du Ministère des Colonies et qui seront couverts par des contributions obligatoires correspondantes versées par les budgets généraux, locaux ou spéciaux, au compte « Produits divers du budget de l'Etat ».

Un règlement d'administration publique déterminera, dans les six mois qui suivront la mise en application de la présente loi, les modalités d'application des diverses dispositions ci-dessus.

Les fonctionnaires visés au paragraphe 1er du présent article qui se trouveront en activité de service au moment de la mise en vigueur de la présente loi et désireront être maintenus sous le régime des dispositions antérieures auxquelles ils étaient assujettis, devront formuler, par écrit, leur option à cet égard. Celle-ci sera définitive ; elle emportera détermination du régime éventuellement applicable à la veuve ou aux orphelins. Elle devra être formulée avant l'expiration d'un délai dont la durée sera précisée par le règlement d'administration publique à intervenir.

ARTICLE 72. — Les services rendus dans les cadres locaux des administrations des Colonies ou Pays de Protectorat sont admissibles pour l'établissement du droit à pension et pour la liquidation.

Lorsqu'un fonctionnaire provenant d'un service local passera au service de l'Etat, la pension, tout en étant liquidée sur l'ensemble des services, incombera pour partie à l'administration locale ou à la caisse locale de retraites à laquelle le fonctionnaire était affilié. La part contributive de ces derniers sera proportionnelle à la durée des services rendus dans le cadre local.

La pension sera concédée dans les formes prévues par la présente loi et servie par l'Etat, sauf reversement par l'administration ou la caisse locale de la portion des arrérages mise à leur charge par le décret de concession.

Les administrations locales devront prévoir des mesures analogues en vue de régler les droits à la retraite des agents passant du service de l'Etat dans les cadres locaux.

Les services accomplis par les fonctionnaires et agents, visés au paragraphe 2 ci-dessus, ne pourront être validés et admis dans la liquidation de la pension que si les intéressés ont effectué les versements rétroactifs correspondants.

ARTICLE 73. — Les militaires visés par les articles 59 et 60 de la loi du 31 mars 1919, les veuves et orphelins visés par l'article 60 de la même loi pourront présenter une nouvelle option qui portera effet du jour de la promulgation de la loi.

Une pension proportionnelle, calculée dans les conditions de l'article 44 ci-dessus, et à jouissance immédiate, est allouée aux officiers à titre temporaire mis à la retraite par application de la loi du 22 juillet 1921.

ARTICLE 74. — A l'exception des fonctionnaires qui figuraient au jour de la promulgation de la loi sur une liste d'admissibilité ou sur une liste de classement à un emploi donnant droit à une pension militaire, aucun fonctionnaire, employé ou ouvrier civil nommé postérieurement à la promulgation de la présente loi ne sera plus admis au bénéfice des pensions militaires.

Pour tenir compte des droits acquis, les fonctionnaires, employés civils et ouvriers dont la nomination est antérieure à la présente loi et qui ont été admis au bénéfice des pensions militaires par application des textes législatifs ou règlements actuellement en vigueur, continueront à bénéficier du régime institué par ces lois ou règlements au point de vue du droit à pension d'ancienneté et des bonifications pour campagnes.

Toutefois, et par dérogation aux dispositions de l'article 2 de la présente loi, seront traités pendant le temps durant lequel ils jouiront de la pension militaire :

Comme adjudants-chefs. — Les ouvriers immatriculés de la guerre chefs d'atelier.

Comme adjudants. — Les ouvriers immatriculés de la guerre contremaîtres.

Comme sergents-majors. — Les ouvriers immatriculés de la guerre chefs d'équipes.

Comme sergents. — Les ouvriers immatriculés de 1re classe de la guerre.

Comme soldats. — Les ouvriers immatriculés de 2e classe de la guerre.

Comme quartiers-maîtres des directions de port. — Les chefs ouvriers immatriculés de la marine.

Comme marins des directions de port. — Les ouvriers immatriculés de la marine.

Les ayants cause des personnels visés au présent article pourront opter soit pour les pensions d'invalidité de la loi du 31 mars 1919 s'ils réunissent les conditions exigées par cette loi, soit pour les dispositions du chapitre III du titre 1er de la présente loi. Dans ce dernier cas, et si le mari ou le père comptait, au moment de son décès, moins de vingt-cinq ans de services effectifs à l'Etat, la pension de la veuve ou des orphelins sera calculée sur la base d'une pension proportionnelle à la durée des services.

Les ouvriers immatriculés qui ont opté pour le régime des retraites des établissements industriels de l'Etat (loi du 21 octobre 1919) auront la faculté d'opter, dans un délai de six mois à partir du jour de sa promulgation, pour le régime prévu par le présent article.

La rente viagère ou la pension correspondant aux versements effectués à leur nom au titre de la loi du 21 octobre 1919 leur restera acquise, mais viendra en déduction de la pension calculée suivant les règles de la présente loi. Cette rente viagère sera calculée pour les ouvriers ayant effectué des versements à capital réservé, comme si les versements avaient été faits à capital aliéné.

ARTICLE 75. — Les services rendus par les chefs d'ateliers de la guerre ou des manufactures de l'Etat et par les agents techniques de la marine pendant le temps durant lequel ils auront servi soit dans les ateliers, soit sur les chantiers, soit à bord des bâtiments de l'Etat, sont assimilés aux services rendus dans la partie active.

ARTICLE 76. — Les fonctionnaires et employés faisant partie des personnels civils bénéficiant du régime des pensions militaires, nommés antérieurement à la promulgation de la présente loi, pourront opter pour le régime commun à tous les fonctionnaires et employés civils.

Ceux de ces fonctionnaires ou employés qui ont été admis à la retraite à titre d'infirmités, antérieurement à la promulgation de la présente loi, pourront, s'ils réunissaient les droits à pension d'ancienneté au moment de leur radiation des contrôles, être admis au bénéfice des pensions d'ancienneté dans les conditions fixées par la présente loi.

ARTICLE 77. — Les agents actuellement en fonctions conserveront le bénéfice des dispositions présentement en vigueur pour les services accomplis antérieurement à la promulgation de la présente loi toutes les fois que ces dispositions sont plus favorables que celles de la présente loi.

ARTICLE 78. — Le bénéfice de l'article 1er de la loi du 25 juin 1914 est étendu au personnel de surveillance des services pénitentiaires (gardiens et gardiens-chefs), ainsi qu'aux commissaires de police et inspecteurs de police spéciale et mobile et aux agents de police de l'Etat.

ARTICLE 79. — Les fonctionnaires et employés civils, anciens combattants jouiront, pour la retraite, des avantages suivants :

1° Ils pourront obtenir une mise à la retraite anticipée. L'âge et la durée des services à partir desquels cette demande sera recevable seront ceux appliqués aux autres bénéficiaires de la loi de leur catégorie, déduction faite d'un nombre d'années égal à la moitié des années de services accomplies pendant la campagne 1914-1919 ;

2° Si, par suite de l'exercice de leurs foncti⌐ns, les infirmités ou maladies contractées dans la zone des armées pendant la guerre 1914-1919 par les bénéficiaires de la présente loi viennent à s'aggraver au point de les mettre dans l'impossibilité de continuer leurs fonctions, ils pourront, par extension des dispositions de l'article 21, obtenir une pension exceptionnelle, quels que soient leur âge et la durée de leur activité.

Le taux de cette pension est celui prévu par ledit article 21, accru de la liquidation des bénéfices de campagnes ;

3° Ils peuvent invoquer le bénéfice de l'article 14 de la présente loi ;

4° Le droit à la revision ou à la constitution des pensions conformément aux dispositions du présent article est ouvert :

A) Aux titulaires de pensions déjà liquidées ou à leur ayants droit ;

B) Aux ayants droit de fonctionnaires décédés avant la promulgation de la présente loi ;

5° Pour l'application des dispositions de l'article 10 de la loi du 18 avril 1831, modifié par l'article 127 de la loi du 13 juillet 1911, et de l'article 2 de la loi du 5 août 1879 sur les pensions du personnel du Département de la Marine et des Colonies, est assimilé au temps de service effectif aux colonies le temps passé sous les drapeaux par les fonctionnaires de la Marine et des Colonies entre le 2 août 1914 et le 24 octobre 1919, ainsi que le temps passé à l'hôpital ou en congé de convalescence après leur démobilisation par suite de blessures ou maladies contractées au cours de leur mobilisation.

Les avantages reconnus par le présent article sont accordés aux fonctionnaires dégagés de toute obligation militaire et à ceux qui, par ordre, sont restés à leur poste pendant l'occupation ennemie, ainsi qu'à tous les fonctionnaires qui ont été tenus de résider en permanence ou d'exercer continuellement leurs fonctions dans les localités ayant bénéficié de l'indemnité de bombardement.

Pour cette dernière catégorie de fonctionnaires, il sera tenu compte des conditions ci-dessus pour la période comprise entre le 1er janvier et le 1er décembre 1918.

Les fonctionnaires qui, dégagés de toute obligation militaire, ont contracté un engagement pour la durée de la guerre dans une arme combattante, auront la faculté de prolonger leur service au delà de l'époque où s'ouvre leur droit à pension, d'un temps égal à celui de leur mobilisation, sauf avis contraire du Conseil d'enquête établi en exécution de l'article 111 de la loi du 30 juin 1923.

ARTICLE 80. — Les bénéficiaires civils ou militaires de la présente loi pourront compter, dans la liquidation de leur pension, nonobstant les maxima prévus aux articles 2 et 34, les annuités supplémentaires acquises au titre des bénéfices de campagne pendant la guerre 1914-1919, sans que le taux de la pension puisse dépasser, en sus du minimum, la valeur de quinze annuités supplémentaires, compte tenu de tous éléments entrant dans le calcul de la pension.

ARTICLE 81. — Un règlement d'administration publique déterminera, dans les six mois de la promulgation de la présente loi, les mesures propres à en assurer l'exécution.

ARTICLE 82. — La présente loi est applicable à l'Algérie et aux colonies. Des règlements d'administration publique en détermineront les détails d'application dans les six mois à dater de la promulgation de la présente loi.

ARTICLE 83. — Le délai d'option prévu par l'article 3, paragraphe 5, de la loi du 22 juillet 1923, relative au statut des fonctionnaires des départements du Haut-Rhin, du Bas-Rhin et de la Moselle, est prorogé jusqu'à l'expiration du sixième mois suivant la promulgation de la présente loi.

Un décret spécial fixera, dans un délai de trois mois, les modalités de cette option et les conditions dans lesquelles la présente loi sera appliquée aux départements du Haut-Rhin, du Bas-Rhin et de la Moselle.

La présente loi ne pourra, en aucun cas, s'appliquer à ceux qui ont servi, sans autorisation de l'Etat français, dans une armée étrangère, comme officier ou assimilé de l'armée active.

ARTICLE 84. — Sont abrogées les dispositions des lois antérieures en ce qu'elles ont de contraire à la présente loi.

TITRE V

RÉGIME FINANCIER DES RETRAITES

ARTICLE 85. — Il est créé, sous la garantie de l'Etat, en vue du service des pensions civiles et militaires accordées par la présente loi, une « Caisse des Pensions » qui reçoit et capitalise : d'une part, les retenues prélevées sur les traitements, les salaires et les soldes ; d'autre part, les subventions à la charge de l'Etat.

Le Ministre des Finances est autorisé à ajourner la mise en œuvre de la Caisse des Pensions jusqu'au 1er janvier 1928.

ARTICLE 86. — La Caisse des Pensions est dirigée par un conseil composé de vingt-quatre membres, savoir :

Le Directeur du budget et du contrôle financier au Ministère des Finances ou son délégué, le Directeur général de la Caisse des Dépôts et Consignations ou son délégué, le Directeur de la Dette inscrite. ou son délégué, le Directeur de la Comptabilité publique ou son délégué, un Conseiller d'Etat et un Conseiller de la Cour des Comptes désignés par chacune de ces assemblées, un membre désigné par le Ministre de la Guerre, un membre désigné par le Ministre de la Marine, trois Sénateurs désignés par le Sénat, cinq Députés désignés par la Chambre, huit représentants de fonctionnaires, d'employés ou d'ouvriers élus par le personnel, parmi les agents en activité ou en retraite, pour une durée renouvelable de deux ans.

Le fonctionnement administratif de ladite Caisse sera déterminé par un règlement d'administration publique.

ARTICLE 87. — La Caisse des Pensions établit sa situation financière au 31 décembre de chaque année, en faisant ressortir, d'une part, séparément pour les pensions civiles et pour les pensions militaires, la valeur des droits liquidés et des droits en formation et, d'autre part, le montant de son actif. Cette situation fait l'objet d'un rapport indiquant les moyens dont dispose la Caisse pour assurer l'équilibre de. ses ressources et de ses charges. Ce rapport est adressé au Ministre des Finances et publié au *Journal Officiel*.

ARTICLE 88. — Les dépenses administratives de la Caisse des Pensions sont assurées par des crédits inscrits au budget du Ministère des Finances.

ARTICLE 89. — En cas d'augmentation des traitements, des soldes ou salaires des fonctionnaires et employés civils, des militaires et marins, la Caisse des Pensions reçoit, à l'aide de crédits spéciaux ouverts à cet effet par la loi même d'augmentation, le complément de réserves mathématiques nécessaires pour faire face à l'accroissement de ses charges et parer à l'insuffisance des retenues et des subventions versées antérieurement au profit des fonctionnaires, employés civils, militaires et marins en activité de service, lors de la mise en vigueur du régime nouveau.

ARTICLE 90. — Les pensions attribuées conformément aux dispositions de la présente loi sont inscrites au Grand-Livre de la dette publique et payées par le Trésor.

La Caisse des Pensions rembourse au Trésor les arrérages payés sur les pensions concédées aux fonctionnaires entrés dans l'administration à dater de la promulgation de la présente loi, ainsi qu'à leurs veuves et orphelins.

Les conditions et délais de remboursement seront déterminés

par le règlement d'administration publique prévu à l'article 91 ci-après.

Article 91. — Les fonds de la Caisse des Pensions, provenant des retenues et des subventions correspondantes, sont gérés par la Caisse des Dépôts et Consignations. Ils sont placés, sur la désignation de la Caisse des Pensions et avec l'autorisation du Ministre des Finances, en rentes sur l'Etat, en valeurs du Trésor, ou jouissant de la garantie de l'Etat, en prêts aux départements, communes, colonies ou pays de protectorat.

Les placements en rentes sur l'Etat, en valeurs du Trésor ou jouissant de la garantie de l'Etat, sont effectués gratuitement par la Caisse des Dépôts et Consignations, moyennant le simple remboursement des droits et frais de courtage ou d'acquisition. La Caisse des Dépôts et Consignations ne peut se refuser à exécuter les ordres d'achat ou de vente, sauf à les fractionner, s'il y a lieu, suivant la situation du marché. En outre, pour les ordres de vente, l'autorisation préalable du Ministre des Finances doit avoir été donnée à la Caisse des Pensions.

Les prêts aux départements, communes, colonies ou pays de protectorat, autorisés dans les conditions ci-dessus, donnent lieu à l'établissement de traités passés entre la Caisse des Pensions et les emprunteurs, pour en fixer les conditions et les modalités. Ils sont notifiés à la Caisse des Dépôts et Consignations qui, aux époques indiquées, verse les fonds au Trésor.

Le compte courant ouvert par la Caisse des Dépôts et Consignations au profit de la Caisse des Pensions, produit un intérêt égal à celui du compte courant de la Caisse des Dépôts et Consignations au Trésor. Sont imputés à ce compte, les versements des retenues et des subventions.

Un règlement d'administration publique, rendu sur la proposition du Ministre des Finances, après avis de la Commission de surveillance de la Caisse des Dépôts et Consignations, déterminera les mesures d'exécution relatives à la gestion financière.

TITRE VI

DISPOSITIONS CONCERNANT

LES RETRAITES DÉJA CONCÉDÉES

Article 92. — A dater de la promulgation de la présente loi, les fonctionnaires et employés de l'Etat, les militaires, marins et assimilés, titulaires de pensions de retraite, ainsi que leurs ayants cause, obtiendront un relèvement de leurs pensions dans les conditions indiquées aux articles ci-après :

ARTICLE 93. — La pension principale des retraités visés au précédent article sera affectée tout d'abord du coefficient suivant :

Coefficient 3, jusqu'à 900 francs ;

Coefficient 2,5 pour les pensions comprises entre 901 et 1.500 francs ;

Coefficient 2,25 pour les pensions comprises entre 1.501 et 2.500 francs ;

Coefficient 2 pour les pensions comprises entre 2.501 et 6.000 francs ;

Pour les pensions supérieures à 6.000 francs, la première fraction de 6.000 francs sera seule affectée du coefficient 2.

Le chiffre produit par l'application de ces coefficients sera majoré, le cas échéant, de telle sorte que la pension soit au moins égale à une pension de la catégorie inférieure affectée d'un coefficient plus élevé.

Quand plusieurs pensions sont fixées sur la même tête, le coefficient est déterminé d'après le total des pensions.

Il ne sera pas fait état, pour l'application de ces coefficients, de l'indemnité temporaire de cherté de vie allouée par la loi du 12 avril 1922, ni de tous suppléments, majorations ou compléments de pension acquis par l'application de la loi du 25 mars 1920.

ARTICLE 94. — Il sera procédé ensuite à la revision de leur retraite d'après le décompte des services établi lors de la liquidation initiale et sur la base des traitements et soldes afférents, au jour de la promulgation de la présente loi, aux grades et emplois occupés pendant les trois dernières années de la carrière.

La retraite, ainsi revisée, remplacera, si elle est supérieure, la pension affectée du coefficient prévu à l'article précédent.

Pour les grades et les emplois qui auraient été supprimés, des décrets en Conseil d'Etat, rendus dans les deux mois de la mise en vigueur de la présente loi, régleront, pour chaque administration, leur assimilation avec les grades et les emplois actuellement existants.

Dans les cas où il serait impossible de retrouver ou de reconstituer les états de services des intéressés, cette impossibilité matérielle serait constatée par la section des finances du Conseil d'Etat, qui déterminerait, par toutes méthodes appropriées, la catégorie de la nouvelle retraite.

ARTICLE 95. — Le supplément de pension attribué par application des dispositions qui précèdent, remplacera l'indemnité de cherté de vie allouée par la loi du 12 avril 1922, qui cessera d'être servie aux bénéficiaires de ces dispositions. Toutefois, les titulaires de pension, qui bénéficiaient de cette indemnité avant la promulgation de la présente loi et pour lesquels la pension augmentée du supplément n'atteindrait pas le montant de leur ancienne pension augmentée de l'indemnité, recevront un complément de pension suffisant pour que leur situation actuelle ne soit pas modifiée.

La présente loi, délibérée et adoptée par le Sénat et par la Chambre des Députés, sera exécutée comme loi de l'Etat.

Fait à Paris, le 14 avril 1924.

A. MILLERAND.

Par le Président de la République :

Le Ministre des Finances,

F. FRANÇOIS-MARSAL

Imprimerie du Journal LE HAVRE (O. RANDOLET)

35, Rue Fontenelle, 35